MAIA HACE JUDO

Maia es una niña curiosa y valiente que quiere practicar judo como su hermano mayor. A pesar de las piedras que se encuentra en el camino, Maia decide seguir adelante gracias a su profesor. Aprenderá que no se necesita ser grande ni fuerte para ser buena yudoca y que la inteligencia y la capacidad de adaptación son mucho más importantes. Con esfuerzo y paciencia, Maia demuestra que los sueños no tienen tamaño ni género.

Valores implícitos

Este cuento inspira a niñas y niños a confiar en sí mismos, a esforzarse y a entender que caer forma parte del aprendizaje. A través de Maia se rompen estereotipos y se da valor a lo importante: la igualdad, el respeto y el trabajo en equipo. Además, se resalta la disciplina y la superación personal.

Maia hace judo

© del texto: Marian Obrador Mas
© de las ilustraciones: Mireia Oliver
© del diseño y corrección: Equipo BABIDI-BÚ

© de esta edición:
Editorial BABIDI-BÚ, 2025
Avda. San Francisco Javier, 9, 6ª, 23
Edificio Sevilla 2
41018 - SEVILLA
Tlfn: 912 665 684
info@babidibulibros.com
www.babidibulibros.com

Impreso en España
Primera edición: octubre, 2025

ISBN: 978-84-19904-87-4
Depósito Legal: SE 1192-2025

A mi madre, mi padre y mi hermano, por ser mi refugio y mi impulso, por su apoyo y amor incondicional e infinito. Gracias a la vida por tenerlos y ser mi faro, en cada caída y en cada nuevo comienzo.

Y a la artista y amiga que ha dado forma y color a esta historia. ¡Gracias, Mireia!

MAIA HACE JUDO

Marian
Obrador Mas

Ilustrado por
Mireia Oliver

¡Hola! Me llamo Maia y soy pequeñita.
Tengo el pelo y los ojos color chocolate.
Me gusta mucho la música y pintar.

Tengo un hermano muuuy grande y un gato
de color caramelo que se llama Neko.

Cuando sale la luna, a mi gato Neko le encanta perseguir pajaritos y, cuando sale el sol, le gusta dormir.

Mi hermano mayor hace judo y a mí me gustaría también ser una gran yudoca.

—¡Maia, pequeñita! ¡Maia, pequeñita! ¡Las niñas no hacen judo!

—¿Por qué no pueden hacer judo las niñas?

—Las niñas bailan, cantan, juegan con muñecas… Tú no tienes fuerza, Maia, ¡eres demasiado pequeñita!

Maia se va triste...

—¡RITSU REI!

Todos se giran y miran a Maia.

Maia se pone nerviosa. Su cara se pone roja como un tomate, empieza a sudar y le tiemblan las piernas como un flan.

—¡RITSU REI! Estáis a punto de aprender muchas cosas. Por eso vuestro cinturón es blanco. Cada vez que aprendáis algo importante, cambiará de color.

El profesor Obri coge una piedra y un trozo de plastilina

—¿Quién creéis que es más fuerte?

—¡La piedra! ¡La piedra!

—¡Muy bien! La piedra es más fuerte que la plastilina, que es más blandita. Entonces, ¿quién creéis que podría hacer mejor una llave de judo?

—La piedra aplastará la plastilina —dice Maia.

—No siempre la fuerza es lo más importante. Lo más importante es ser más listo y flexible —dice el profesor Obri.

—¿Qué?

—La plastilina puede cambiar de forma, ¿verdad? Con ella podemos hacer muchas cosas porque es flexible y se adapta. La piedra puede atacar con fuerza porque es grande y pesada, pero la plastilina puede aprovechar la fuerza de la piedra para cambiar de forma.

Todos se quedan boquiabiertos escuchando al profesor.

—¡Vamos a practicar las llaves de judo!

A Maia le toca practicar con Jan. Tiene un poco de miedo. Jan es muy alto y parece muy fuerte.

Maia cae una y otra vez...

Se va triste a casa.

—Neko, ¿algún día podré ser una buena yudoca? Quizá soy demasiado pequeña y débil… Todos son tan altos y fuertes… ¿Será verdad que el judo no es para chicas?

Neko persigue pajaritos mientras Maia se queda dormida.

—Profesor Obri, no puedo ser yudoca. Soy demasiado pequeña y débil —dice Maia, triste, al día siguiente.

—Maia, has caído muchas veces y te has vuelto a levantar. Esa es la forma de aprender y ser mejor cada día. ¡Tú eres como la plastilina! No necesitas ser fuerte ni grande, solo aprender a usar la fuerza de la piedra para ser flexible e inteligente.

—¿Puedo ser
como la plastilina?

—¡Claro que sí!

Maia cada día aprende
un poco más y vuelve
a casa más contenta.

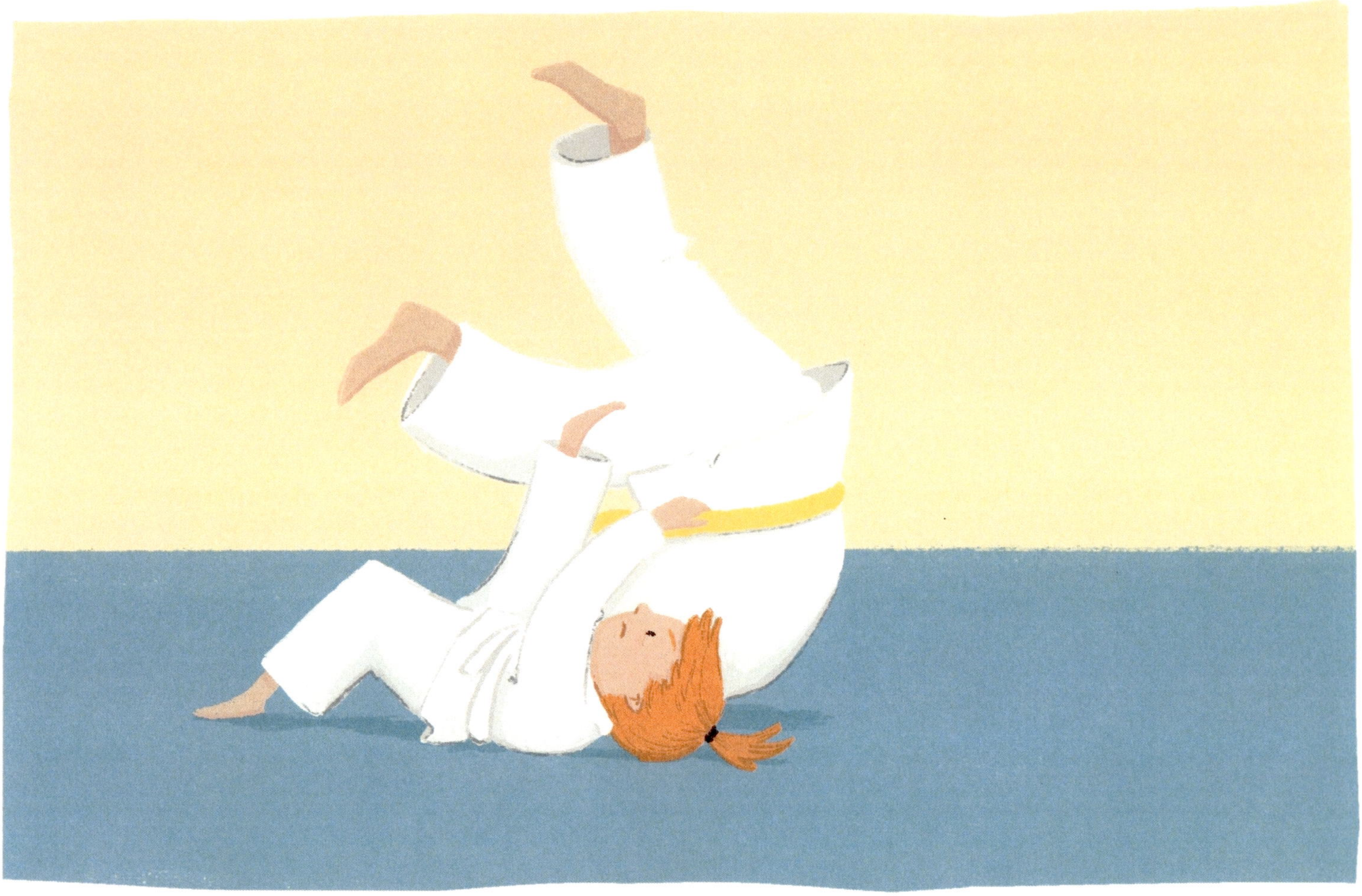

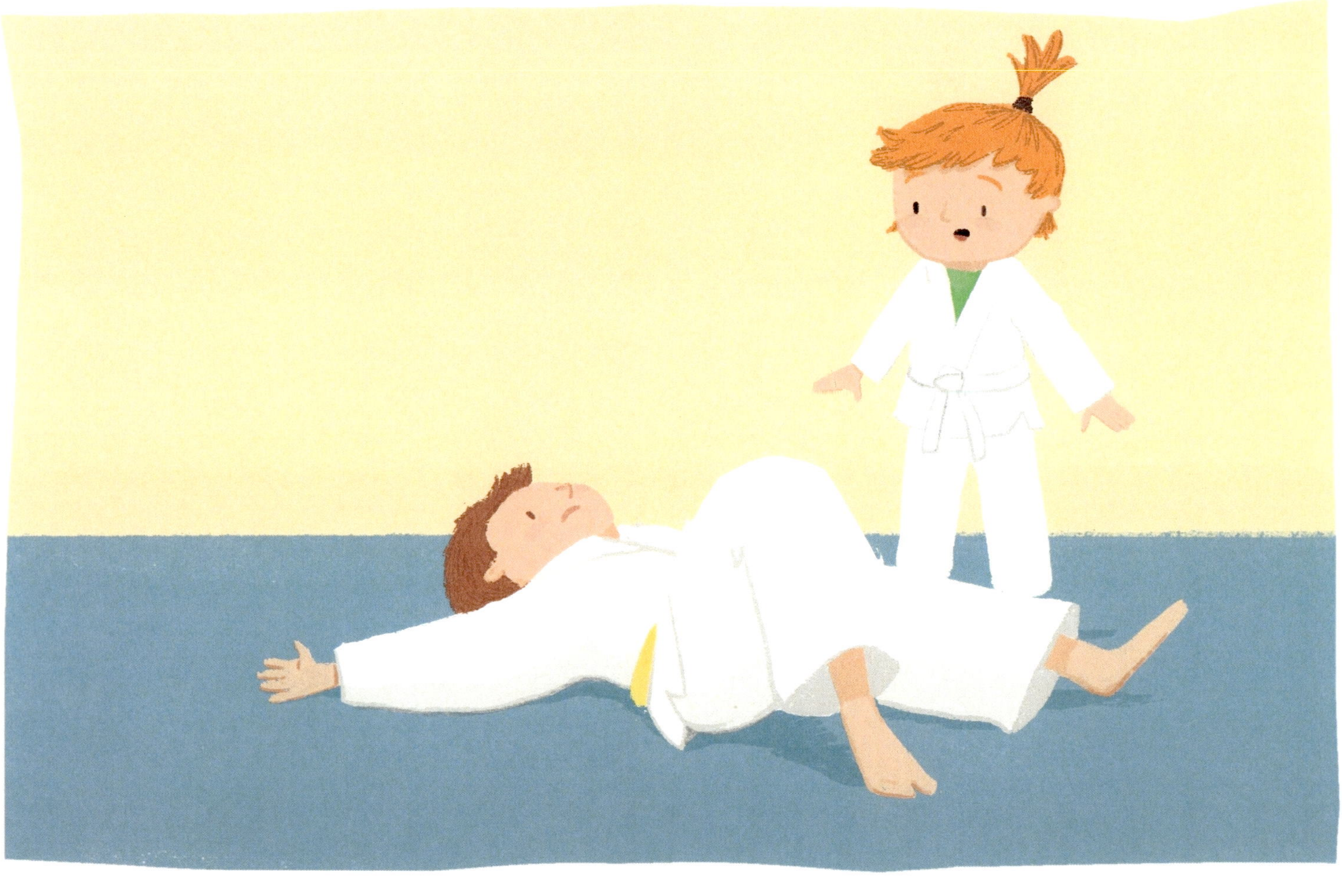

Hasta que un día... ¡Maia hace una llave de judo y no cae al suelo!

Se oye un ruido... ¡CHAS, CHAS, CHAS!

El cinturón de Maia cambia de color. ¡Ahora es amarillo!

—¿Qué ha pasado?

Todos se quedan boquiabiertos, con los ojos como platos.

—Cuando un buen yudoca aprende algo importante, su cinturón cambia de color. En el camino del judo hay siete colores importantes: blanco, amarillo, naranja, verde, azul, marrón y negro. Aunque nunca dejamos de aprender.

—¡Guau! ¡Qué divertido!

—Tenemos que recordar que, para aprender y crecer, debemos caer, equivocarnos y volver a empezar. Ningún camino fácil nos llevará a sitios tan bonitos y especiales.

Maia vuelve a casa con su cinturón nuevo, muy contenta, saltando sin parar con una sonrisa de oreja a oreja.

—¿A dónde vas tan contenta, Maia? —le preguntan sus amigas.

—¡Hola! ¿Sabéis una cosa? ¡Ya soy una yudoca como mi hermano mayor! Mi cinturón ha cambiado de color y estoy aprendiendo muchas cosas. No hace falta ser grande y fuerte para hacer judo. Lo más importante es levantarse y volver a empezar.

¡Ser flexible como la plastilina! ¿Os apuntáis?